2018年高等学校发展专项基金暨海南省第二批省级应用型试点本科转型专业建设
（琼财教[2018]509号）

海南热带海洋学院校级课题“高等学校应用型高校学前教育专业艺术课程体系构建研究”
项目成果（项目编号RHYJG—18）

学前教育艺术综合教程

王晨辉　王晨光　编著

江西高校出版
JIANGXI UNIVERSITIES AND COLLEGES P

图书在版编目(CIP)数据

学前教育艺术综合教程/王晨辉,王晨光编著. --南昌:江西高校出版社,2019.1(2022.2 重印)

ISBN 978-7-5493-8202-6

Ⅰ. ①学… Ⅱ. ①王… ②王… Ⅲ. ①学前教育—艺术教育—高等学校—教材 Ⅳ. ①G613.5

中国版本图书馆 CIP 数据核字(2018)第 285726 号

出版发行	江西高校出版社
社址	江西省南昌市洪都北大道 96 号
总编室电话	(0791)88504319
销售电话	(0791)88522516
网址	www.juacp.com
印刷	天津画中画印刷有限公司
经销	全国新华书店
开本	700mm×1000mm 1/16
印张	9.5
字数	40 千字
版次	2019 年 1 月第 1 版 2022 年 2 月第 2 次印刷
书号	ISBN 978-7-5493-8202-6
定价	58.00 元

赣版权登字-07-2018-1555

前　言

儿童歌曲伴奏与弹唱、简笔画是学前教育专业学生必须学的专业课程，也是中小学、幼儿园艺术教师必须具备的职业技能和能力。《学前教育艺术综合教程》是笔者在30多年从艺从教过程中不断探索、实践的总结，也是海南热带海洋学院学前教育转型的省级教育科研项目。

通过本教程的学习，学习者能够准确而熟练地掌握儿童歌曲伴奏的技巧、声乐的演唱、儿童歌曲演唱及简笔画意境的表达与实例应用，旨在提高学前教育学生的艺术综合专业水平。在编写本教材期间，笔者还参加了高等学校应用型高校学前教育专业艺术课程体系构建研究。

本教材对学前教育专业学生备考教师资格证考试也具有一定的参考价值，在一定程度上能够提高教师资格证考试的通过率。本书中的儿歌钢琴伴奏“快捷通识”法是笔者对声乐伴奏基本理论和实践的融会贯通，能够帮助学生快捷地掌握儿歌的唱法、儿歌的钢琴伴奏，并运用儿童极易接受的简笔画方法，满足不同层次学生快速掌握学前艺术教育的综合能力的不断需求，实用性更强，是学前教育教学改革的丰硕成果。

本教程具有以下几个特点：

1. 针对学前教育教师资格证考取的参考教程，使读者用最简单的方法，获取艺术专业相关的知识。本教程让学生从最基础的程度入手，逐渐掌握儿童歌曲的伴奏、演唱的基本方法及如何将简笔画应用到歌曲中去，让学生一目了然，达到简化教学过程，把复杂的钢琴弹唱与简笔画融为一体的绝佳教学效果，是学前艺术教育比较好的教材之一。

2. 理念创新，特色凸显。所选的儿歌都是儿童喜闻乐见、耳熟能详的作品，钢琴伴奏由浅入深，加上针对歌曲内容进行创作的儿童简笔画，使得学生对作品的理解一目了然。

3. 选取经典，题材广泛。本书所选的80首儿童歌曲及钢琴伴奏涵盖了中外经典儿歌，伴奏简单，容易上手。

4. 歌曲规范，钢琴伴奏包括了基本的伴奏类型。

5. 简笔画生动形象，可独立应用。

参与编写和修改本书的教师有：姜凤云、马磊、何海滨、董伽、曹慧荣、史玖禾、王齐辉、唐懿姝、贾月明、杨玲、梁红蕾、吉昆、唐芳丽、吕娜、唐宁、朱佳、朱振坤、张远、郭成金、张琨、王海峰、李晓敏、谭晶、张淑玉、王璞、许素萍、符江南。本书在编写过程中，参考了大量的相关文献和资料，在此向这些文献和资料的作者表示感谢。

目录

1. 小燕子

胡鹏南 词
汪 玲 曲

教学提示：

1. 歌曲为 C 大调，钢琴伴奏是琶音型，注意手指的移动速度，在弹奏之前进行扩指练习。

2. 注意跨小节线的连线，两个不一样的音符唱一个字。

3. 小燕子的“子”注意发音，用开口音来唱。

《小燕子》语言清新优美，曲调柔和，一问世，就传遍祖国大江南北，至今不衰。《小燕子》清新明快的歌词和旋律，能让孩子们在吟唱中去感受音乐的美丽，这首儿歌通过歌颂小燕子，还能唤起孩子们对大自然的喜爱之情。

2. 小朋友，爱祖国

曾宪瑞 词
黄 田 曲

教学提示：

1. 歌曲为 F 大调，注意钢琴伴奏时的和弦，后两个音同时下键，不能有先后。
2. 注意切分大附点，八度音程的准确。
3. 注意前松后紧和十六分音符的区别。
4. 最后一个音跨小节唱四拍。

《小朋友，爱祖国》这首歌曲运用借喻的形式，将小朋友喜欢而熟悉的小动物拟人化，语言亲切，贴合孩子们心理，并通过动物的情感同化孩子心灵，培养他们的家国情怀。整首歌基调热情活泼，欢快有力，能让孩子们在活跃的气氛中获得心灵上的快乐。

3. 蚂蚁搬豆

佚名 词曲

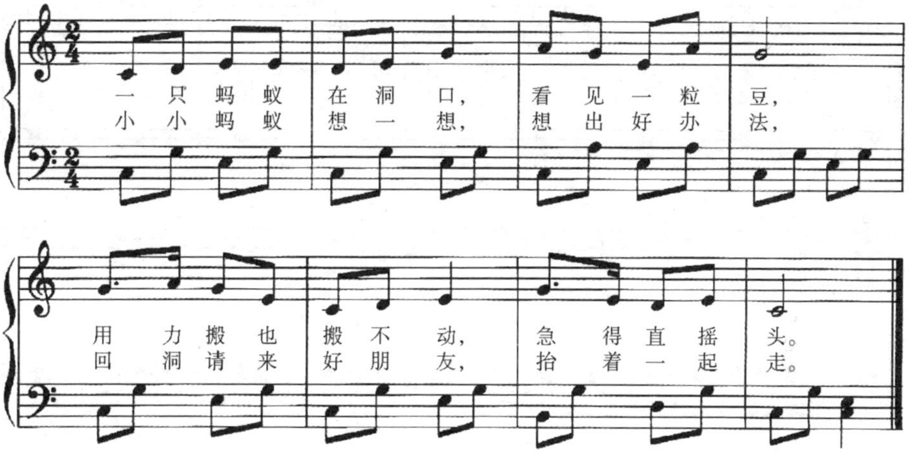

教学提示：

1. 钢琴伴奏时注意左、右手同时下键，第二行的第一小节和第三小节有个附点。

2. 钢琴伴奏先左后右，歌曲比较简单，适合中班、小班学习。

《蚂蚁搬豆》是一首深受幼儿喜爱的歌曲，它语言诙谐有趣，童趣十足，并且具有画面感，如同在讲一个可爱有趣的故事。通过《蚂蚁搬豆》这首歌曲，孩子们不仅能从动人的旋律和诙谐的语言中感受音乐之美，还能体会到故事的活泼情境。

4. 小兔子乖乖

生动地　　　　　　　　　　　　　　　　　　　　民间童谣

教学提示：

1. 歌曲为 C 大调，钢琴伴奏时注意第一行一拍一个、第二行一拍两个八分音符。

2. 不一样的伴奏型。

3. 第二、第四小节注意连线，两个音符唱一个字。

《小兔子乖乖》源自一个流传已久的童话故事"小兔乖乖"。歌曲讲述的是在兔妈妈走后，一只大灰狼冒充兔妈妈，想要叫开门吃掉兔宝宝，结果被兔宝宝识破的故事。歌曲的歌词亲切，旋律欢快，深受孩子们喜欢。同时，这首歌具有较强的动态感和表演性，适合改编成一个故事让老师和孩子们参演。

5. 小鼓响咚咚

李重光 曲

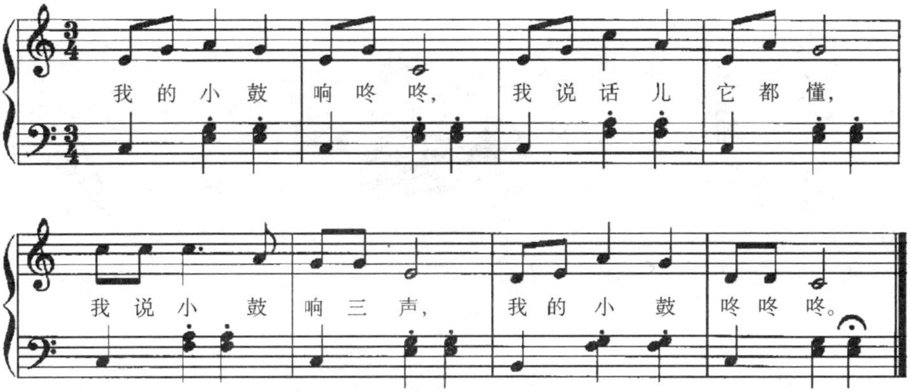

教学提示：

1. 歌曲为 C 大调，钢琴伴奏时注意第一个音弹满四分音符，后面两个要弹成跳音。

2. 注意三拍节奏的感觉。

3. 伴奏先左后右，在演唱第二行的第一小节时，注意大附点的时值唱一拍半。

鼓是一种外形可爱、节奏感强、声音悦耳的民族乐器，深受国人喜爱。《小鼓响咚咚》以鼓为吟唱对象，歌词生动，曲调动听，能够让孩子们在丰富的音乐体验中感受璀璨的民族文化。

6. 夏天的雷雨

盛璐德　词
马革顺　曲

教学提示：

1. 歌曲为C大调，钢琴伴奏时注意从第三行开始的变化。
2. 扩指到第三个音，同时听到两个声音。
3. 演唱时注意一小节之内的大切分。

雷雨是一种夏天常见的自然现象，但孩子们往往对它缺乏了解。这首《夏天的雷雨》以提问的形式启发孩子们的思维，用一种喜闻乐见的方式，让孩子们在悦耳动听的歌曲中探索发现自然规律。这首歌需要结合老师的回答与孩子自己的思考，从而更好地让孩子们掌握生活知识与安全常识。

7. 云

金 波 词
尚 疾 曲

中速 优美地

教学提示：

1. 歌曲为 C 大调，钢琴伴奏开始时采用分解式和弦，后半部分是柱式和弦。

2. 注意伴奏型的变化，注意最后的演奏和演唱四拍减慢，收拍。

3. 演唱、演奏时注意三拍强弱弱的感觉。

在孩子们的眼里，云是一种既多变又神秘的东西。这首《云》歌词优美，旋律和谐自然，以抒情的方式让孩子们感受大自然之美，培养他们对大自然的喜爱，并激发他们探索科学奥秘的好奇心。

8. 春天来了

德国儿歌

教学提示：

1. 歌曲为 C 大调，钢琴伴奏时采用分解式和弦，但要注意音的变化。
2. 演唱时注意大附点，钢琴伴奏弹三个音等于一个大附点。

《春天来了》是一首以春天为主题的歌曲，它以孩子们身边熟悉的动物——鸟儿作为主人公，以拟人的手法赋予鸟儿人的情态，贴近孩子们的天真可爱的心理。这首儿歌，语言朗朗上口，具有强烈的感染力，能让孩子们感受到大自然的美丽。

9. 蜜蜂做工

外国童谣

教学提示:

1. 歌曲为 D 大调,注意升 fa 升 do,钢琴伴奏时注意柱式和弦,音要同时下键,音不能有先后。

2. 注意伴奏音程的变化。

3. 演唱时注意每个乐句的断句和呼吸。

《蜜蜂做工》是一首描绘蜜蜂在花丛间采蜜的儿歌,它用词简洁,曲调轻快活泼,并富有一定情节。孩子们通过这首儿歌,能够获得音乐美的熏陶,并促成热爱劳动这一良好品质的培养。

10. 开火车啦

活泼、欢快地

匈牙利儿歌

教学提示：

1. 歌曲为 C 大调，注意演唱和伴奏协调统一。
2. 钢琴伴奏时采用柱式和弦，营造火车开动的感觉。
3. 注意柱式和弦同时下键。

《开火车啦》这首歌曲模仿火车开动的声音，赋予歌曲活泼的情态，让孩子们体验欢快的情绪。此外，老师可以把音乐和儿歌贯穿于开火车的游戏里，寓教于乐，让孩子们通过练习培养秩序感，体验集体的乐趣。

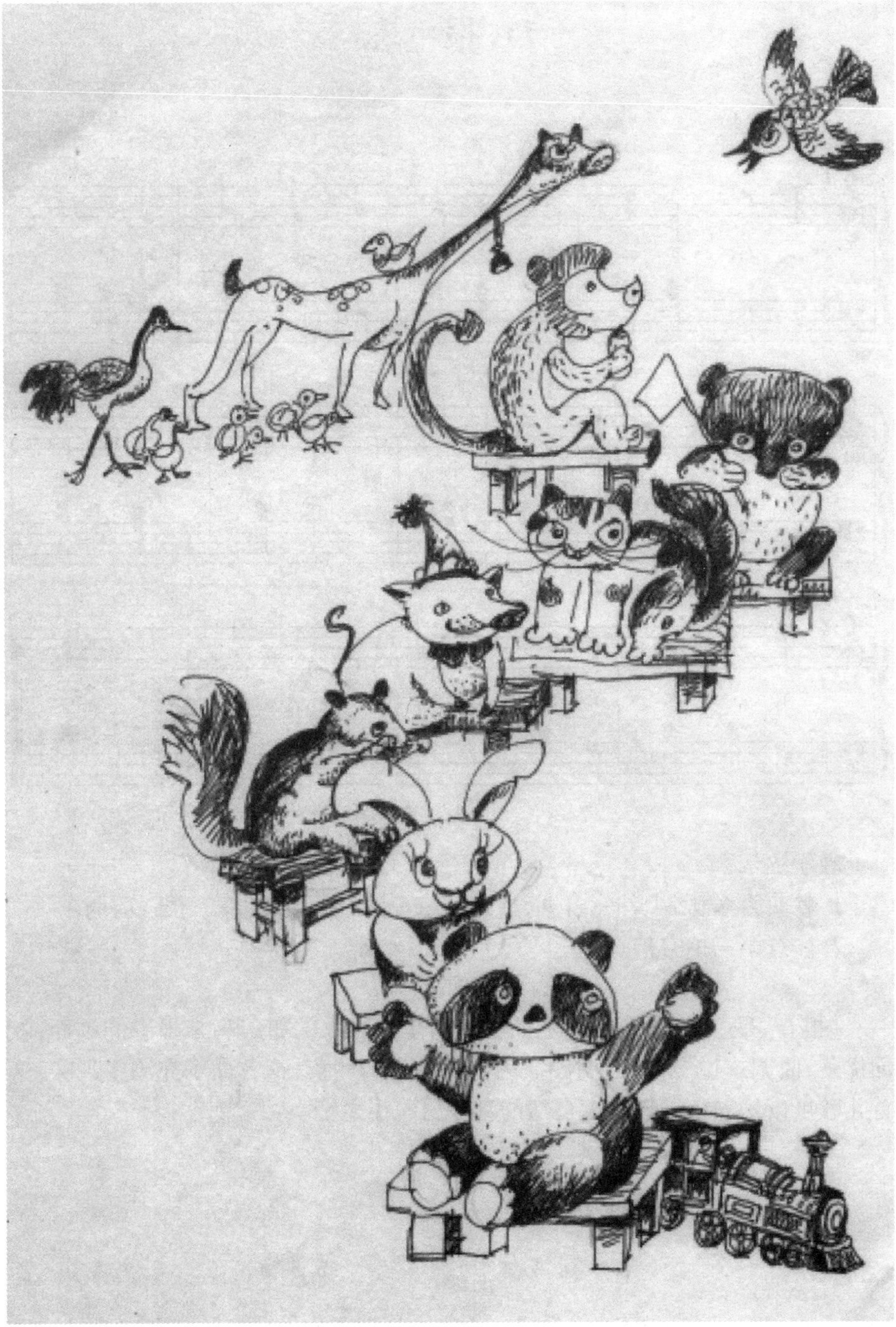

11. 报　春

德国儿歌

教学提示:

1. 歌曲为 G 大调,注意升 fa,柱式和弦音同时下键,注意三拍强弱弱。

2. 注意第三拍空拍。

《报春》是一首德国儿歌,歌曲描述的是爱唱歌的布谷鸟来报春的画面,歌词优美,曲调欢悦、舒展而明朗。因为布谷鸟的叫声,这首曲子充满了趣味,这首儿歌可以培养孩子们对大自然的喜爱与向往之情。

12. 洗　手

佚　名　词
陈少麟　曲

教学提示:

1. 歌曲为 C 大调,钢琴伴奏的节奏型都一样,注意音程的变化。

2. 演唱时注意第二小节大附点的时值。

3. 左手伴奏弹三个音等于一个大附点的时值,注意演唱时音乐的乐句、断句及呼吸。

《洗手》是一首欢快的儿歌,内容是教育孩子们洗手。儿歌轻松有趣,能够寓教于乐,让孩子们在歌曲中愉快地学习洗手的正确步骤,从而养成良好的卫生习惯。

13. 一分钱

潘振声　词曲

教学提示：

1. 歌曲为 C 大调，钢琴伴奏时采用分解式和弦，注意音程和手指的变换。
2. 演唱时注意大切分，后两个音唱一个字。
3. 歌曲主要由八分音符、四分音符和二分音符组成。

《一分钱》由潘振声作词作曲，是一首流传很广的儿歌，并传唱至今。这首歌的歌词用的是孩子的视角，充满童真色彩，为的是向孩子们弘扬拾金不昧的传统美德。歌曲语言通俗易懂，曲调温馨，简单易学，深受孩子们和家长的喜欢。

14. 太阳出来了

活泼地

官建霞 词曲

教学提示:

1. 歌曲为 C 大调,钢琴伴奏和声乐演唱时,有跳音的地方同时进行。
2. 在演唱、演奏时,注意跳音和不是跳音的区别。

《太阳出来了》展现了小鸟、树叶、大海的歌声等,是一首表现大自然之美的歌曲。歌词形象生动,且含有很多拟声词,富有语言美,能让孩子们感受到大自然美妙的歌声。

15. 在祖国怀抱里

熊益美 词
王天荣 曲

教学提示：

1. 歌曲为 F 大调，注意降 si，钢琴伴奏时用柱式和弦，注意音程和手指的变化，双音同时下键。

2. 演唱时注意音程的大跳、节奏前松后紧和十六分音符的区别。

3. 注意旋律连线的地方两个音符唱一个字，乐曲最后空一拍。

《在祖国的怀抱里》曲调欢快活泼，歌曲整体采用循环反复的结构，第三乐句是全曲的高潮，抒发了各族儿童在祖国怀抱里欢快、甜蜜的情感。

16. 银色的桦树林

深情地

加拿大民歌

教学提示：

1. 歌曲为 d 小调，注意降 si，钢琴伴奏提示，注意该曲的最后有两拍、三拍、四拍一个音，保持不抬手。

2. 倒数第五至七小节，第一拍弹降 si，低音降 si 这个音，上边的空拍不影响降 si 的时值，只是到第二拍时弹进 re 这个音，倒数第三、四小节降 si，弹三拍不抬手，最后两个小节弹四拍不抬手。

《银色的桦树林》是一首加拿大民族歌曲，曲调轻松自然，风格和乡村音乐相似。歌曲通过借景抒情，表现了桦树林的美丽，唤起孩子们对森林的向往。

17. 小星星

王雨然 词
莫扎特 曲

教学提示：

1. 歌曲为C大调，钢琴伴奏时采用分解式和弦，注意音程变化和手指变化。
2. 基本上是唱一个音，伴奏弹两个音。
3. 演唱时，注意每个乐句要清晰。
4. 四小节一个乐句，注意钢琴伴奏与声乐的和谐统一。

《小星星》为莫扎特《小星星变奏曲》的第一段，由英国女诗人简·泰勒配以歌词，成为英国传统儿歌《Twinkle Twinkle Little Star》，后经我国童话作家王雨然重写歌词，成了一首中国孩子耳熟能详的儿歌。《小星星》保留了原曲浪漫和幻想的主题，节奏欢快活泼、富有跳跃感，语言浅显，朗朗上口，且具有意境美，深受孩子们的喜欢。

18. 国旗国旗多美丽

谢白倩　曲

教学提示：

1. 歌曲为 C 大调，四小节为一个乐句，钢琴伴奏和声乐同时给气口。
2. 钢琴伴奏时采用柱式和弦，三个音同时下键。
3. 注意附点演唱时的时值，四分音符里的附点要唱足四分之三的时值。

《国旗国旗多美丽》是一首既抒情又欢快的歌曲，歌曲曲调热情，情感饱满，表达了孩子们对伟大祖国的热爱之情。吟唱这首歌曲，还能够帮助幼儿了解国旗，增进幼儿的爱国情感和自豪感。

19. 洗手绢

苏 茹 词
汪 玲 曲

教学提示：

1. 歌曲为 a 小调，两小节为一个乐句，钢琴伴奏时采用分解式和弦，注意音程的变化和手指的灵活性。

2. 歌曲演唱时注意连线，两个音唱一个字。

3. 钢琴伴奏和声乐要和谐统一。

《洗手绢》是一首教育意义极强的歌曲。语言简洁，曲调短小、流畅，具有民间童谣风格，并且节奏性强，具有连环韵律美，旋律易唱易记。歌曲通过简洁的歌词来教育孩子们爱清洁、讲卫生，让他们感受到劳动最光荣。

12
9
3
6

20. 小雨沙沙

许竞 词
王天荣 曲

教学提示：

1. 歌曲为 D 大调，注意升 fa 和升 do。
2. 钢琴伴奏时采用柱式和弦，注意音程变化和手指的移动，双音同时下键。
3. 注意跳音和不跳音的区别，跳音是钢琴伴奏和歌唱同时进行。

《小雨沙沙》的歌词拟人化，天真而稚气，充满儿童情趣，又提示孩子们注意细心观察事物，观察生活，发现身边的美，启迪孩子们热爱生活，热爱大自然。歌曲还能够启发儿童观察事物的兴趣，教师可提问小雨落在地上、花园里、池塘里分别会发出什么声音，引导幼儿大胆模仿，进行合乎逻辑的想象。

21. 小黑猪

刘明将　词曲

教学提示：

1. 歌曲为 C 大调，注意钢琴伴奏时采用柱式和弦，双音同时下键。

2. 倒数第四小节采用前松后紧的伴奏形式，前空半拍，后十六分音符，再空半拍，弹半拍。

3. 伴奏和上边歌词同时进行。

4. 演唱时注意前松后紧，与十六分音符节奏的区别。

《小黑猪》歌词诙谐，具有较强的民族风格，寓教于乐。

22. 小鸟醒来了

陈梦海 词
杨继陶 曲

教学提示：

1. 歌曲为 C 大调，注意倒数第五、第六小节，四分音符后半拍弹奏跳音。
2. 柱式和弦双音同时下键，两个音如同一个音。
3. 在演唱时注意第二小节唱半拍空半拍，注意演唱时连线。
4. 学习这首歌曲时，要重点提醒幼儿说准分切音的节奏。

《小鸟醒来了》突出表现了小鸟清晨醒来之后的欢快愉悦的情绪，通过小鸟的问好，告诉孩子们要懂得使用礼貌用语。

23. 看星星

佚 名 曲

愉快地

教学提示：

1. 歌曲为 C 大调，钢琴伴奏时采用分解式和弦，注意音程的变化和手指的灵动性。

2. 演唱时注意一个乐句呼吸一次。

天上闪闪的星星能够引起孩子们的好奇与幻想，《看星星》选取的就是这个美好神秘的事物。歌曲通过简洁的歌词，动听的旋律，能够激发孩子们丰富的艺术想象力以及艺术表现的动力。

24. 小红帽

教学提示：

1. 歌曲为 C 大调，钢琴伴奏时采用分解式和弦，注意音程的变化和手指的移动。
2. 注意小指的力度。
3. 歌曲演唱时没有太大的跳音，注意每个乐句要给一个气口。

《小红帽》是一首在世界各地广为流传的巴西歌曲，歌曲用第一人称来叙述小孩子们熟悉的“小红帽”的故事，节奏明快，旋律简单活泼。这首歌曲塑造了一个美丽的童话世界，告诉孩子应该懂得尊敬长辈、孝敬老人，做有孝心、善良的好孩子。

25. 数鸭子

王嘉祯　词
胡小环　曲

教学提示：

1. 歌曲为 C 大调，歌曲伴奏时采用分解式和弦，注意音程的变化和手指的移动，注意五指的力度。

2. 歌曲演唱时两个小节呼吸一次，钢琴伴奏也要给气口。

《数鸭子》是一首大家耳熟能详的儿童歌曲，由王嘉祯填词，胡小环谱曲。歌曲描写的是小朋友看到鸭群游过桥，兴奋地数鸭子的情形。歌曲具有独特的说唱风格，且富有童趣，受到很多小朋友的喜欢。

26. 海　鸥

金　波　词
宋　军　曲

欢乐地

教学提示:

1. 歌曲为 C 大调,歌曲伴奏时采用分解式和弦,注意音程的变化和手指的移动,注意五指的力度。

2. 歌曲演唱时注意第二拍只唱半拍,空半拍,注意音程的大跳。

3. 要唱出“海鸥是我们的朋友”的感觉,每个乐句吸气时,钢琴伴奏也要给出气口。

《海鸥》在 1981 年“全国少年儿童歌曲”评比中获得优秀奖,它由金波填词,宋军作曲。歌曲的歌词亲切、自然而朴素,乐曲创作十分出色,旋律跌宕起伏、抑扬顿挫,具有音乐韵味和美感。听完这首歌,能让人有心旷神怡之感。

27. 两只老虎

教学提示：

1. 乐曲为 D 大调，注意升 fa 和升 do，钢琴伴奏时采用分解式和弦，注意音程的变化和手指的移动，注意五指的力度。

2. 歌曲演唱时注意第二拍只唱半拍，空半拍，注意音程的大跳。

3. 要以幽默、诙谐的语气唱出老虎的气势。

《两只老虎》改编自法国儿歌《雅克兄弟》，曲调简洁优美，朗朗上口，兼具文学儿歌和民间童谣的属性。歌曲通过启发孩子思考老虎为什么“没有耳朵”“没有尾巴”，从而达到教化的目的，教育孩子要听大人的话，做事不能丢三落四、有头无尾。

28. 春天在哪里

（节选）

望 安 词
潘振声 曲

教学提示：

1. 歌曲为 F 大调，四小节为一个乐句，注意八分休止符和四分休止符的区别。
2. 钢琴伴奏时采用半分解式和弦，注意五指的力度，和弦双音同时下键。
3. 在演唱时注意空拍的时值，把黄鹂“嘀哩嘀哩”鸣叫的感觉唱出来。

《春天在哪里》是一首轻快悦耳、优美动听的儿歌。歌曲以一种活泼喜悦的情感，展示了一幅幅美丽动人的春景。歌曲语言形象生动，曲调轻快且富有弹性，能够让孩子们在歌曲里感受到大自然的美丽，感受春天带来的喜悦。

29. 我爱我的幼儿园

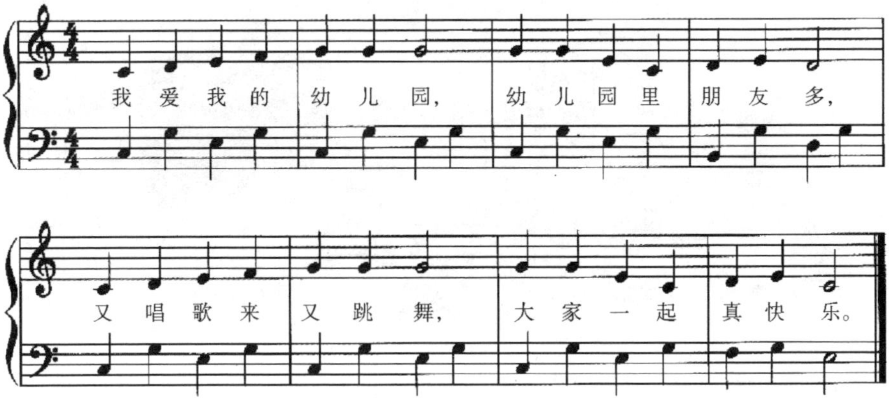

教学提示:

1. 歌曲为C大调,歌曲伴奏时采用半分解式和弦,注意五指的力度和音程的变化。

2. 两小节呼吸一次,钢琴需给出气口。

3. 该曲适合小班、中班的幼儿学习。

《我爱我的幼儿园》是一首简单的儿童歌曲,歌词简洁易懂,富有生活气息。歌曲发挥了艺术的情感教育功能,以简单的歌词和明快的旋律告诉孩子们上幼儿园的好处,从而让孩子们从心底认可幼儿园,喜欢上幼儿园。

30. 对不起，没关系

欢快、活泼地

王玉田　词曲

教学提示：

1. 歌曲为 E 大调，注意升 fa、do、sol、re 四个音。
2. 钢琴伴奏时采用半分解式和弦，注意五指的力度，和弦双音同时下键。
3. 演奏时升四个升号，注意一小节之内的大切分节奏。
4. 伴奏时两个八分音符在大切分小节等于歌曲的一个四分音符。

《对不起，没关系》这首歌曲通过鲜活的生活例子，帮助孩子们学会使用礼貌用语“对不起”和“没关系”，以此培养孩子们文明的社交行为习惯。

对不起
没关系，

31. 小树叶

陈镒康 词
茅光星 曲

教学提示：

1. 歌曲为 F 大调，注意降 si。
2. 钢琴伴奏时采用琶音和半分解式和弦，注意手指的张力和五指的力度。
3. 演唱时注意大附点，两个小节呼吸一次，钢琴需给出气口。

《小树叶》是一首流传很广的儿歌，它陪伴过很多人成长。这首歌唱的是秋天到了，小树叶离开大树妈妈的画面。歌曲整体基调是低沉的，以此来表现一种小树叶落下时难过的情感。

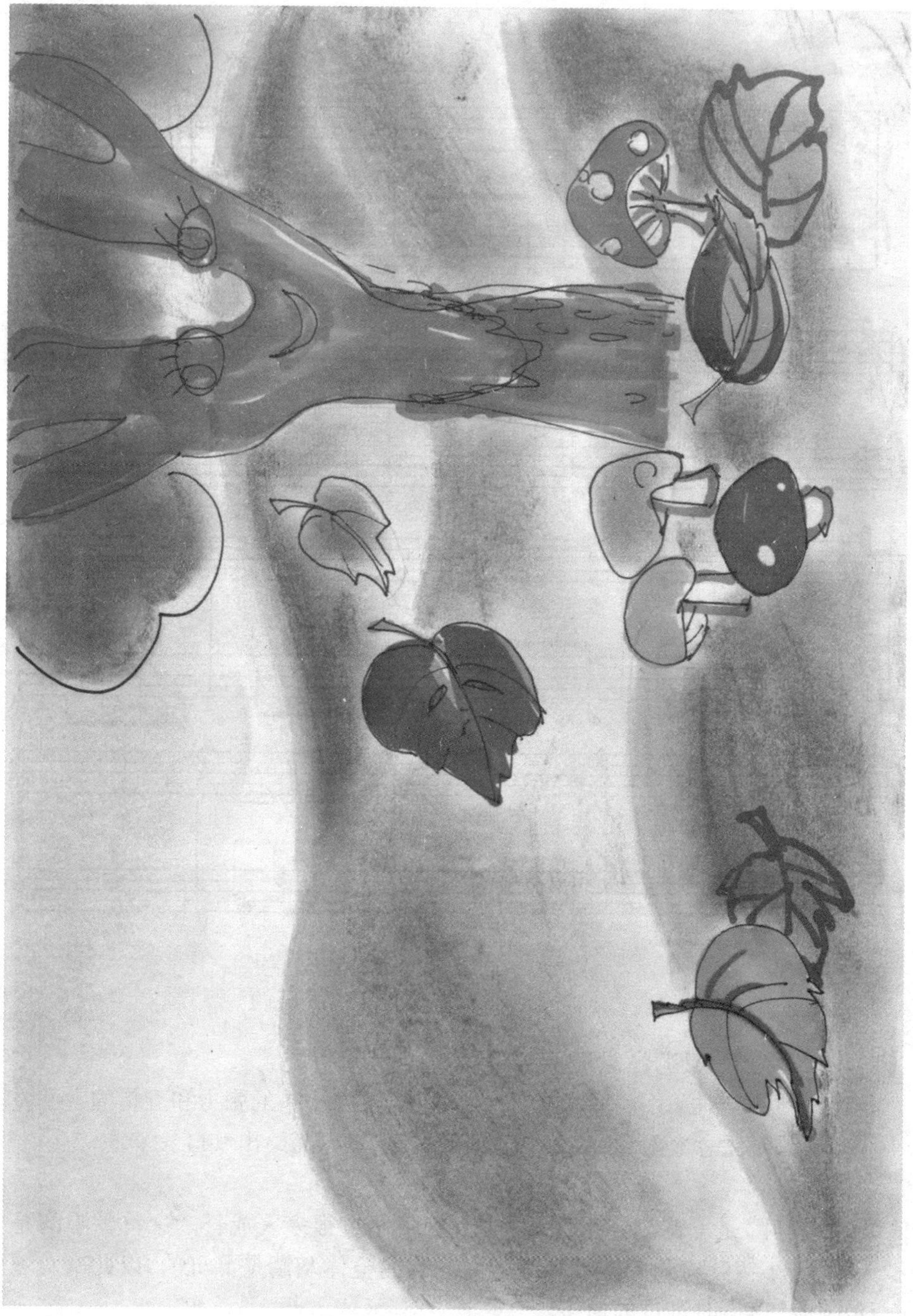

32. 冬去春来

法国歌曲

教学提示：

1. 歌曲为 G 大调，注意升 fa。
2. 钢琴伴奏时采用半分解式和弦，注意五指的力度和音程的变化。
3. 该曲是不完整的小节，注意有一个升号。
4. 演唱时注意一小节之内的大附点，钢琴伴奏三个音等于一个大附点。

《冬去春来》是一首法国歌曲，唱的是冬天离开，春天到来时的情景。歌曲侧重刻画布谷鸟的歌声，歌词中运用拟声词来表现欢快的情绪，让孩子们感受到春天到来时的生机勃勃与欢乐喜悦。

33. 荡秋千

教学提示:

1. 歌曲为 G 大调,注意升 fa,钢琴伴奏时采用琶音式和弦。

2. 注意手指的张力和五指的力度,注意该曲是八分之六拍,要把强弱弱,次强弱弱弹出来。

3. 演唱时两小节呼吸一次,共四个乐句。

《荡秋千》是一首仡佬族民歌,反映了仡佬族儿童在秋千上自由、陶醉地飞荡时的情景。这首歌曲调活泼跳跃,表现了孩子们的天真自由与无拘无束。

34. 笑一个吧

丁荣华 词
王正荣 曲

活泼地

教学提示：

1. 歌曲为 C 大调，伴奏采用柱式和弦和半分解式和弦，弹奏时注意要灵活地表现出歌曲的活泼。

2. 注意歌曲第十一小节和第十五小节的连音线，弹奏时注意音的衔接。

《笑一个吧》是一首鼓励孩子们多多微笑的儿歌，歌词简单，节奏感强，旋律优美。通过这首歌曲，孩子们能够更加了解自己的表情，丰富与人交往的技能，从而能更好地稳定情绪，帮助孩子们健康快乐地成长。

35. 理发师

澳大利亚民歌

中速、稍快

教学提示：

1. 歌曲为 C 大调。

2. 弹奏时注意歌曲前半部分左手伴奏采用跳音进行，和弦采用柱式和半分解式。

3. 演唱速度是中速。

《理发师》是一首澳大利亚民歌，它热情欢快而又不乏幽默。在内容主题上，《理发师》栩栩如生地刻画了理发师在理发店愉快工作的画面，突出了理发师为他人服务时的愉快心情。

36. 世上只有妈妈好

（节选）

蔡振田 词
林国雄 曲

教学提示：

1. 注意踏板的使用，注意八分音符的连音线。
2. 演唱时两小节呼吸一次。

《世上只有妈妈好》是一首表达对妈妈喜爱之情的儿歌。歌曲曲调明朗温馨，旋律优美，给人以温馨幸福之感。在动人的歌谣里，孩子们能够更好地知道如何去表达爱。家是孩子最熟悉的地方，父母是孩子最依赖的亲情关系，但是当下由于父母的过分宠爱，孩子只知道索取，很少懂得付出，通过此儿歌能够教育孩子懂得感恩，懂得爱。

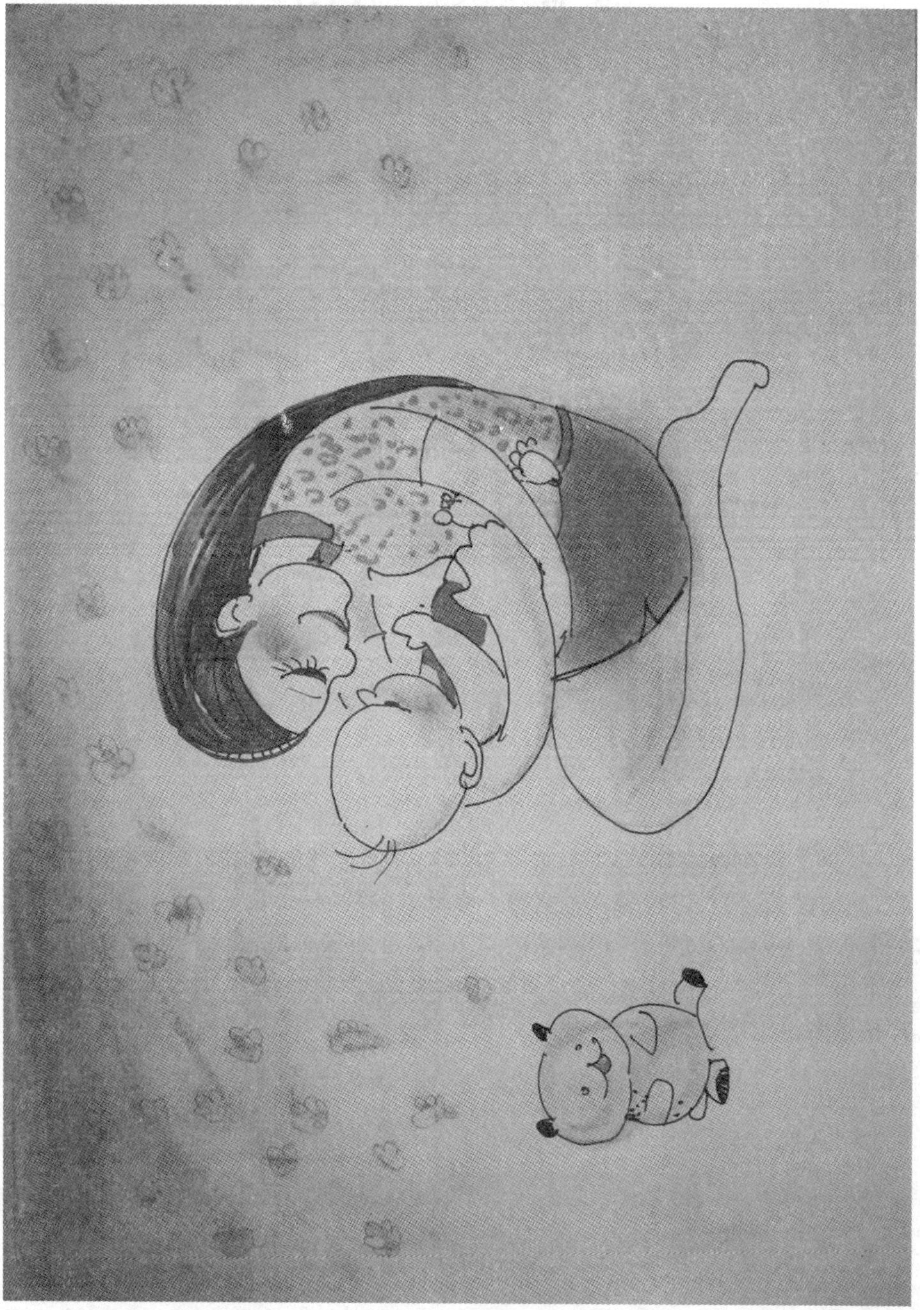

37. 丰收之歌

教学提示：

1. 歌曲为 C 大调，注意强弱二拍的感觉，歌曲伴奏采用柱式和弦和分解和弦。

2. 演唱时四小节呼吸一次。

《丰收之歌》是一首丹麦民歌，适合 1—6 岁孩子歌唱。歌曲以欢快的曲调，表达了人们在丰收时节的喜悦心情。吟唱这首歌的过程中，孩子们可以感受到秋天的美景，体验秋天丰收的喜悦，并体会到劳动的价值，从而更好地养成劳动的好习惯。

丰
丰
丰

38. 小孔雀告诉你

张秋生　词
施光南　曲

教学提示：

1. 此为小调歌曲，暗淡、悠扬、曲折，注意降 si。
2. 歌曲采用半分解式和弦。

《小孔雀告诉你》是作曲家施光南的作品，歌曲采用了富有地方特色的衬词“啊啰哩”，具有傣族民歌风格。这首歌纯真、优美，且富有教育意义，歌曲告诉学生们要艰苦朴素，不比穿戴比学习。

39. 小红花

（节选）

金 波 词
尚 疾 曲

教学提示：

1. 歌曲为 G 大调，升 fa 半音，伴奏采用琶音形式。
2. 注意歌曲前四小节的踏板使用。

《小红花》是一首非常经典的儿歌，它连贯优美、轻松活泼。歌曲采用说唱的方式，不仅唱出了小红花的成长过程，还歌颂了祖国少年在党的关怀下成长，表达了孩子们对党与祖国的热爱之情。

40. 月亮婆婆喜欢我

佚 名 词
王爱华 曲

中速、稍快 活泼地

教学提示：

1. 歌曲为 F 大调，降 si，歌曲伴奏时采用柱式和弦形式。
2. 演唱速度为中速、稍快，演唱时要唱出活泼的韵味。

《月亮婆婆喜欢我》是一首摇篮曲，它的旋律优美温柔，曲调独特，具有傣族小调的独特风味。歌曲具有很强感染力，表达了孩子们与月亮婆婆之间亲密的情感。

41. 玩具进行曲

教学提示：

1. 歌曲是 D 大调，升 fa、升 do。
2. 伴奏形式为柱式和弦。
3. 注意伴奏音程的变化。

《玩具进行曲》是一首日本儿歌，歌曲由四个乐句组成，结构规整、流畅，较多地采用重复的手法，旋律突出。这首歌以拟人的手法，表现出歌曲浓郁的儿童情趣，亲切自然，主题明显。

42. 学做解放军

杨 墨 词曲

教学提示：

1. 歌曲为 C 大调，注意附点的时值。
2. 伴奏形式为柱式和弦，注意音程的变化。

《学做解放军》是一首中速的神气的儿歌。教师可以引导孩子们模仿解放军列队、走路、吹号，让小朋友们在活动中体验威武、自豪的感觉，获得成功的快乐。

43. 小海军

神气、自豪地

柴本尧 曲

教学提示：

1. 歌曲是 D 大调，升 fa 和 do，伴奏采用柱式和弦。
2. 注意伴奏音程的变化。
3. 演唱时注意每个乐句的断句和呼吸。

《小海军》是一首自豪的儿歌，可以让孩子们感受海军们雄壮有力的特点，让他们了解保护国家的不仅有警察还有海军。

44. 敬礼五星红旗

潘振声 词曲

教学提示：

1. 歌曲为 F 大调，降 si，伴奏采用柱式和弦，三个音同时下键。
2. 注意准确表达附点的时值。

《敬礼五星红旗》是一首亲切、深情的赞美歌曲。教师可以引导小朋友学习理解儿歌内容，并朗诵儿歌，教育小朋友们国旗是我们祖国的象征，看到国旗就如同看到我们的祖国，所以小朋友们要爱护国旗。

45. 国旗红红的哩

陈镒康 词
李嘉评 曲

教学提示：

1. 歌曲为 C 大调，注意八分休止符在歌曲中的运用，伴奏形式是柱式和弦。

2. 注意附点时值和连音线里的音要连续弹奏。

《国旗红红的哩》这首歌旋律优美、内容生动，描述了孩子们观看国旗升起时激动的心情，是很好的爱国主义教育素材。教师可以组织孩子们观看小学的升旗仪式视频，让孩子们能用自然、响亮的声音有感情地演唱歌曲，让孩子们认识国旗，了解国旗，培养孩子们对国旗和国家的情感。

46. 剪羊毛

愉快、活泼地　　　　澳大利亚民歌

教学提示：

1. 歌曲为 C 大调，伴奏形式为柱式和弦，同时下键。
2. 弹奏过程要轻快、活泼。
3. 歌曲较难，适合大班以上的孩子。

《剪羊毛》是一首欢快活泼的澳大利亚民歌，可以让小朋友们通过学唱歌曲了解音乐和生活、劳动密不可分，使他们进一步明白劳动的意义，做一个热爱劳动的人。

47. 送　别

李叔同　词
约翰·庞德·奥德威　曲

教学提示：

1. 歌曲为 F 大调，降 si，伴奏形式为琶音型。
2. 注意踏板的使用，弹奏过程要抒情。
3. 注意伴奏音程的变化，演唱时注意每个乐句的断句和呼吸。

《送别》曲调选自约翰·庞德·奥德威作曲的美国歌曲《梦见家和母亲》，由李叔同于 1915 年填词创作。这首歌意蕴悠长，将音乐与文学完美结合，以精练的语言和真挚的情感表现了送别友人的离愁别绪，让人听后百感交集。

48. 友谊地久天长

苏格兰民歌

教学提示:

1. 歌曲为 G 大调,注意升 fa。
2. 歌曲开头为弱起小节,是不完整小节。
3. 注意伴奏音程的变化,伴奏形式为柱式和弦,同时下键。
4. 演唱时注意每个乐句的断句和呼吸。

《友谊地久天长》是一首中速的苏格兰民歌。教师可以试着让孩子们用抒情的方式演唱此歌曲,以表达真挚的友谊和离别时的感情,通过演唱让小朋友们懂得珍惜朋友间的友谊,并懂得以歌唱的方式表现友谊的美好。

49. 红河谷

加拿大民歌

教学提示：

1. 歌曲为 G 大调，升 fa。
2. 歌曲开头为弱起小节，不完整。

《红河谷》是一首中速的加拿大民歌。教师可以让孩子们感受、体验经典外国音乐作品，能以积极的态度演唱《红河谷》，品味音乐文化的多样性。通过学习这首歌曲，孩子们能够了解加拿大不但有着秀丽的自然景观和丰富的资源，而且还有很多脍炙人口的民歌。

50. 我有一双小小手

陆爱珍 词
张 翼 曲

教学提示：

1. 乐曲为 C 大调，比较简单，适合中、大班孩子。
2. 注意伴奏音程的变化。
3. 演唱时注意每个乐句的断句和呼吸。

《我有一双小小手》是一首中速、活泼的歌曲。有些小朋友并不清楚手指的数目和作用，通过学习这首儿歌，孩子可以了解自己的手指，同时知道自己能做的事情要自己做。

51. 小鸭子

潘振声 词曲

教学提示：

1. 歌曲为 D 大调，升 fa 和 do。
2. 伴奏形式为柱式和弦，注意伴奏音程的变化。
3. 演唱时注意每个乐句的断句和呼吸。

《小鸭子》为著名作曲家潘振声的儿歌作品，其旋律明快，词句上口，深受小朋友们喜爱。学习这首歌曲，可以教育孩子们要爱劳动、爱学习，同时要爱护小动物。

52. 三只小鸭

胡敦骅 词
王 莘 曲

稍快 高兴地

教学提示：

1. 歌曲采用 C 调，较简单，适合小、中班的幼儿学习。
2. 伴奏形式为柱式和弦，弹奏要体现出欢快、活泼的感情。

《三只小鸭》通过三个鸭宝宝从不敢下水游泳到一齐捉鱼虾的改变，告诉小朋友们做事要齐心协力，人多力量大，而且要勇于尝试，不能畏首畏尾。教师要指导孩子们在演唱时表现出先害羞后自信的情绪。

53. 两只小象

常瑞 词
汪玲 曲

教学提示:

1. 歌曲为 G 大调,升 fa。歌曲较简单,适合中、小班幼儿学习。
2. 注意伴奏音程的变化。
3. 演唱时注意每个乐句的断句和呼吸。

《两只小象》是一首活泼的歌曲。教师可以开展表演活动,在表演中用自然大方的肢体动作来表现小象的神态,鼓励学生积极参与,让小朋友们知道小动物们可爱友好,我们要爱护小动物,爱护我们生活的家园,要和小动物友好相处。

54. 不再麻烦好妈妈

颂今千红 词
颂今 曲

教学提示：

1. 歌曲为 C 大调，伴奏形式为柱式和弦和半分解和弦。
2. 注意连音线中的音符不要断续弹奏。

《不再麻烦好妈妈》是一首亲切的儿歌。我们通过这首儿歌可以教育孩子们做一些力所能及的事情，养成热爱劳动的好习惯，培养孩子们帮助他人和自己的事情自己做的美好品质。

55. 把我的名字唱出来

教学提示:

1. 歌曲为 C 大调,半分解和弦,弹奏过程欢快、活泼。
2. 注意伴奏音程的变化。
3. 演唱时注意每个乐句的断句和呼吸。

《把我的名字唱出来》这首歌节奏明快、旋律优美,但由于歌词中运用了大量叠字,因此小朋友演唱起来有难度。教师可以积极调动孩子的情绪,让他们用自己的名字来演唱,将教学气氛推向高潮。

56. 小松鼠钻树洞

中速　活泼地

美国儿童游戏曲

教学提示：

1. 歌曲为降 B 大调，注意降 si 和降 mi，弹奏速度为中速。
2. 伴奏形式为柱式和弦。

《小松鼠钻树洞》是一首美国儿童游戏曲，教师在教学中可以组织孩子们与同学合作，玩《小松鼠钻树洞》的音乐游戏，体验钻树洞的感受，积极主动地参与游戏，享受集体游戏的乐趣。同时，这首歌还能让小孩子们了解小动物的可爱，从而保护小动物。

57. 大海啊，故乡

王立平 词曲

教学提示：

1. 歌曲为 F 大调，降 si，四分之三拍，注意表现出强弱弱。
2. 伴奏形式为琶音。
3. 演唱过程要抒情。

《大海啊，故乡》歌曲旋律流畅舒展，优美动听，平易亲近，节奏严谨，表现了主人公对大海、故乡和祖国母亲的真挚情感，可以教育孩子们要热爱故乡、热爱祖国。

58. 同一首歌

陈 哲 词
孟卫东 曲

教学提示：

1. 歌曲为 C 大调，弹奏时注意附点时值的把握。
2. 注意踏板的运用，伴奏形式为琶音型。

《同一首歌》是一首柔和优美的歌曲，小朋友们通过学唱此歌曲，可激发对人间真情的渴望与呼唤，学会与人沟通，关爱他人。

59. 航海者

教学提示：

1. 歌曲为 F 大调，降 si，注意第三行第四小节一直到乐曲最后，左手伴奏根音一直保留一小节不抬手。先弹根音保持，后五个音正常进行。

2. 歌曲升降临时记号交替使用，伴奏采用柱式和弦，表现出航海过程的凶险，气势磅礴。

这是一首俄罗斯民歌，可以让儿童感受到大海的无情。茫茫的大海渺无人烟。作为一个航海者，要战胜日日夜夜咆哮的大海，朝着自己想去的远方行驶。

60. 歌声与微笑

王　健　词
谷建芬　曲

教学提示：

1. 歌曲为降 E 大调，降 si、mi 和 la 三个音。
2. 弹唱过程要表现得欢快、活泼，速度稍快。
3. 伴奏形式为半分解和弦。

《歌声与微笑》是一首热情的合唱儿歌。我们要让小朋友们学会以欢快活泼的情绪和有弹性的声音来分别演唱歌曲中的两个声部，让小朋友们体验并表现歌曲中少年儿童团结友爱的思想感情，让小朋友珍惜伙伴之间的情谊。

61. 小毛驴爬山坡

教学提示:

1. 歌曲为 F 大调,降 si。
2. 伴奏形式为半分解和弦。
3. 注意歌曲末尾的重复记号。

《小毛驴爬山坡》是一首西班牙民歌,这首歌旋律起伏、欢快,可以体会到小毛驴的俏皮、淘气。同时,通过学习这首歌,教师可以教育孩子们养成遵守时间的好习惯。

62. 时间像小马

教学提示：

1. 歌曲为 F 大调，降 si。

2. 伴奏形式为半分解和弦，注意音程的变化。

《时间像小马》是一首节奏稍快的儿歌，我们可以引导孩子们为歌曲编配简单的形体动作并进行表演。

12
1
2
3
4
5
8
9
10
11

63. 勤快人和懒惰人

美国儿歌

教学提示:

1. 歌曲为C大调,注意左手伴奏有连线,两个音中间不抬手。
2. 伴奏为柱式和弦,节奏感明显,注意连音线的使用。
3. 演唱速度为中速、稍快。

《勤快人和懒惰人》是一首劳动歌曲,通过学习可以使孩子们产生热爱劳动、热爱生活的情感,使他们乐于做个勤快人。

64. 祝大家圣诞快乐

教学提示：

1. 歌曲为 G 大调，升 fa，四分之三拍，注意表现出强弱弱。
2. 歌曲第一小节为弱起小节，最后一小节是不完整小节。

《祝大家圣诞快乐》这首歌洋溢着节日的喜庆气氛，可以帮助孩子们了解西方的节日，体验节日音乐的美感。

65. 小企鹅

充满情趣地

郑冷横　曲

教学提示：

1. 歌曲为 F 大调，降 si。
2. 伴奏形式为半分解和弦，表现欢快。
3. 注意四分休止符和八分休止符的停顿。

《小企鹅》是一首充满情趣的儿童歌曲，生动地表现了小企鹅憨态可掬的形象。通过学习这首歌，孩子们可以了解企鹅的体态特征，了解南极的相关信息，激励他们积极探索大自然的奥秘。

66. 望月亮

曾宪瑞 词
李 杜 曲

中速 优美地

教学提示：

1. 歌曲为降 E 大调，降 si、mi、la 三个音，伴奏形式为琶音型。
2. 注意音程的变化，表现出四分之三拍的强弱弱。

《望月亮》这首歌亲切、深情、优美，教师在教学过程中要注意启发学生理解歌词意境，在记住月亮的美丽画面的同时还要意识到母爱精神的伟大。

67. 请你唱个歌吧

教学提示：

1. 歌曲为 C 大调,注意表现出四分之三拍的强弱弱。
2. 伴奏形式为半分解和弦。

《请你唱个歌吧》是一首带有圆舞曲特点的儿歌,旋律整齐,曲调欢快、明亮,简练而生动地表达了小朋友迎接春天到来时的活泼心情。

68. 圆圈舞

教学提示：

1. 歌曲为 G 大调，升 fa，注意表现出四分之三拍的强弱弱。
2. 伴奏形式为柱式和弦，注意音程的变化。

《圆圈舞》这首儿歌不但简单易学，而且可以配合歌词做出相应的动作，能够在歌舞中培养儿童的集体意识，让他们在合作表演中享受集体舞蹈的快乐。

69. 春　天

马革顺　曲

教学提示：

1. 歌曲为 D 大调，升 fa 和 do 两个音。

2. 伴奏形式为分解式和弦，注意音程的变化。

《春天》这首歌旨在引导小朋友们善于发现，用美的眼睛去观察、体验春天的特征，并尝试用优美的语言大胆、清楚地表达自己对春天的感受。

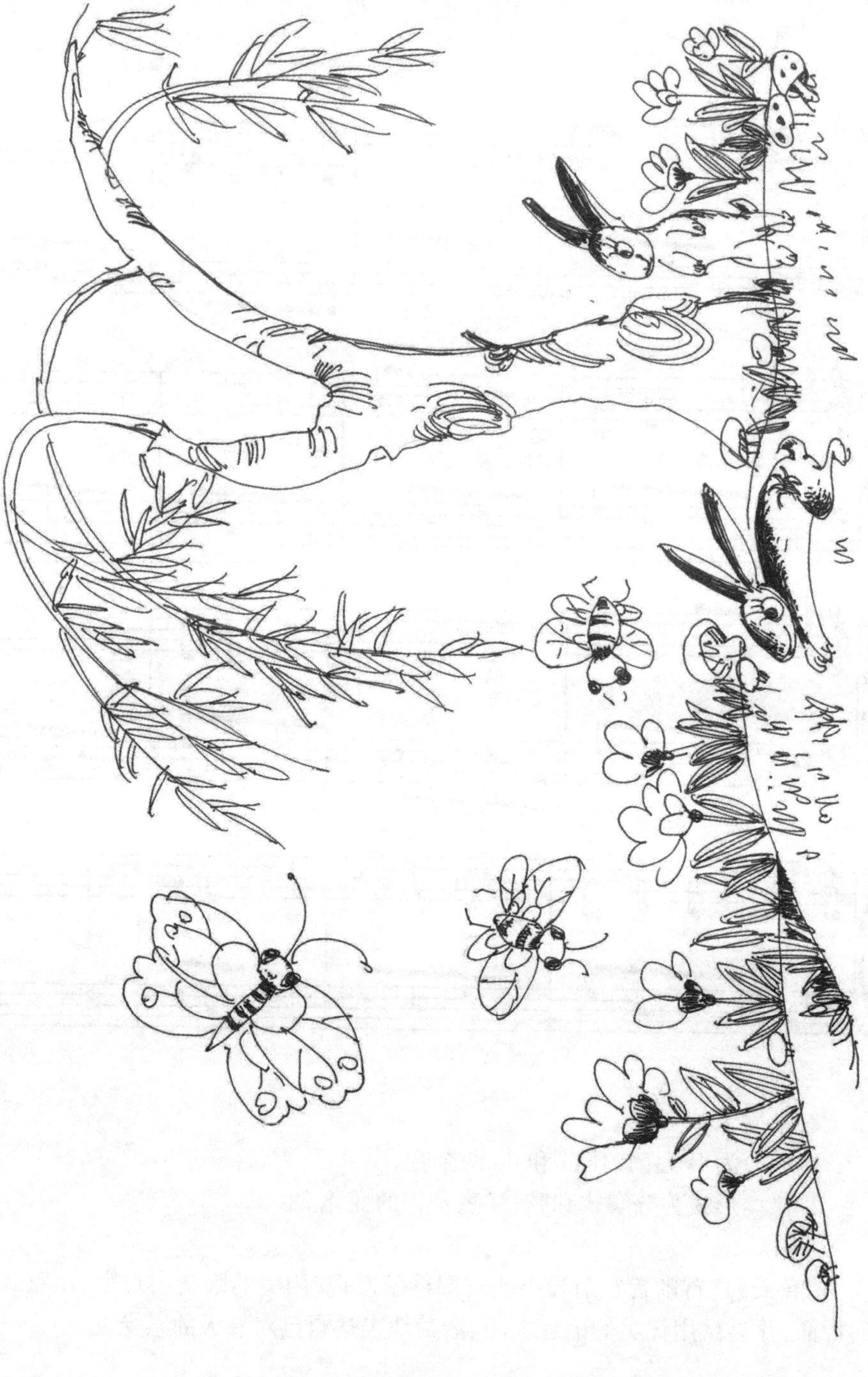

70. 小　马

教学提示：

1. 歌曲为降 B 大调，降 si 和 mi 两个音。
2. 伴奏形式为半分解式和弦。
3. 演唱时两小节呼吸一次。

《小马》是一首稍快、活泼的儿歌，教师可以让孩子们在游戏情境中与母亲建立起相互依赖、相亲相爱的关系。

71. 比尾巴

有趣地

周勤跃 曲

教学提示：

1. 歌曲为 C 大调，伴奏形式为柱式和弦，注意音程的变化。
2. 有趣地进行演唱。
3. 演唱时两小节呼吸一次。

《比尾巴》通过三问三答的对话方式，介绍了动物尾巴的特点，有助于孩子们快速记住动物的特征，对动物充满喜爱之情。

72. 爱祖国

潘振声 曲

教学提示:

1. 歌曲为 F 大调,降 si。
2. 伴奏形式为柱式和弦,注意音程的变化。
3. 注意连音线的使用。
4. 演唱时四小节呼吸一次。

《爱祖国》以小朋友坐下拍手唱歌的形式,教育孩子们要从小爱祖国。

73. 箫

江苏民歌

优美地

教学提示：

1. 歌曲为 C 大调，优美地演唱这首歌曲。
2. 伴奏形式为半分解式和弦，温婉抒情。
3. 注意连音线内的音符要连续演奏。

《箫》这首民歌舒展、流畅，表现出愉悦的情感，孩了们通过学习可以体验到歌曲中所蕴含的对生活的热爱之情。

74. 小格桑

教学提示：

1. 歌曲为降B大调，降si、mi两个音。
2. 伴奏形式为柱式和弦，注意音程的变化。
3. 注意附点和休止符时值的把握。

《小格桑》是一首充满自豪的歌曲。我们可以引导幼儿做踏步、握枪、吹号、敬礼等动作，动作要干净、有力，表现出自豪的情绪，让幼儿能学习退踏步、单靠步等舞蹈动作，熟悉藏族舞蹈的基本特征，感知藏族舞蹈雄壮有力、热情奔放的风格。

75. 我们和祖国最亲亲

李幼容 词
刘馨声 曲

教学提示:

1. 歌曲为降 E 大调,降 si、mi、la 三个音。
2. 伴奏形式为半分解式和弦,演唱过程要欢快、活泼,速度为中速。
3. 注意重复记号的使用。

《我们和祖国最亲亲》充满童真,朗朗上口,歌曲教导孩子们要热爱自然、热爱亲人、热爱祖国,能够很好地向幼儿弘扬爱国主义教育。

76. 多快乐

教学提示：

1. 歌曲为 F 大调，降 si。
2. 弹唱过程要轻快，速度为中速、稍快。
3. 伴奏形式为半分解式和弦，注意音程的变化和小附点时值的把握。

《多快乐》这首歌充满了节日的喜庆，欢快、活泼，表现出人们在欢度国庆时载歌载舞的喜悦心情。通过学习这首歌，孩子们可以切身感受到祖国母亲的伟大。

77. 爷爷为我打月饼

活泼、欢乐地

梁寒光 曲

教学提示：

1. 歌曲为 F 大调，降 si。

2. 伴奏形式为琶音型，注意大附点的时值。

这首歌通过民间爷爷为孙辈打月饼这件小事，表现了祖孙情深，教育孩子们要尊敬老人。

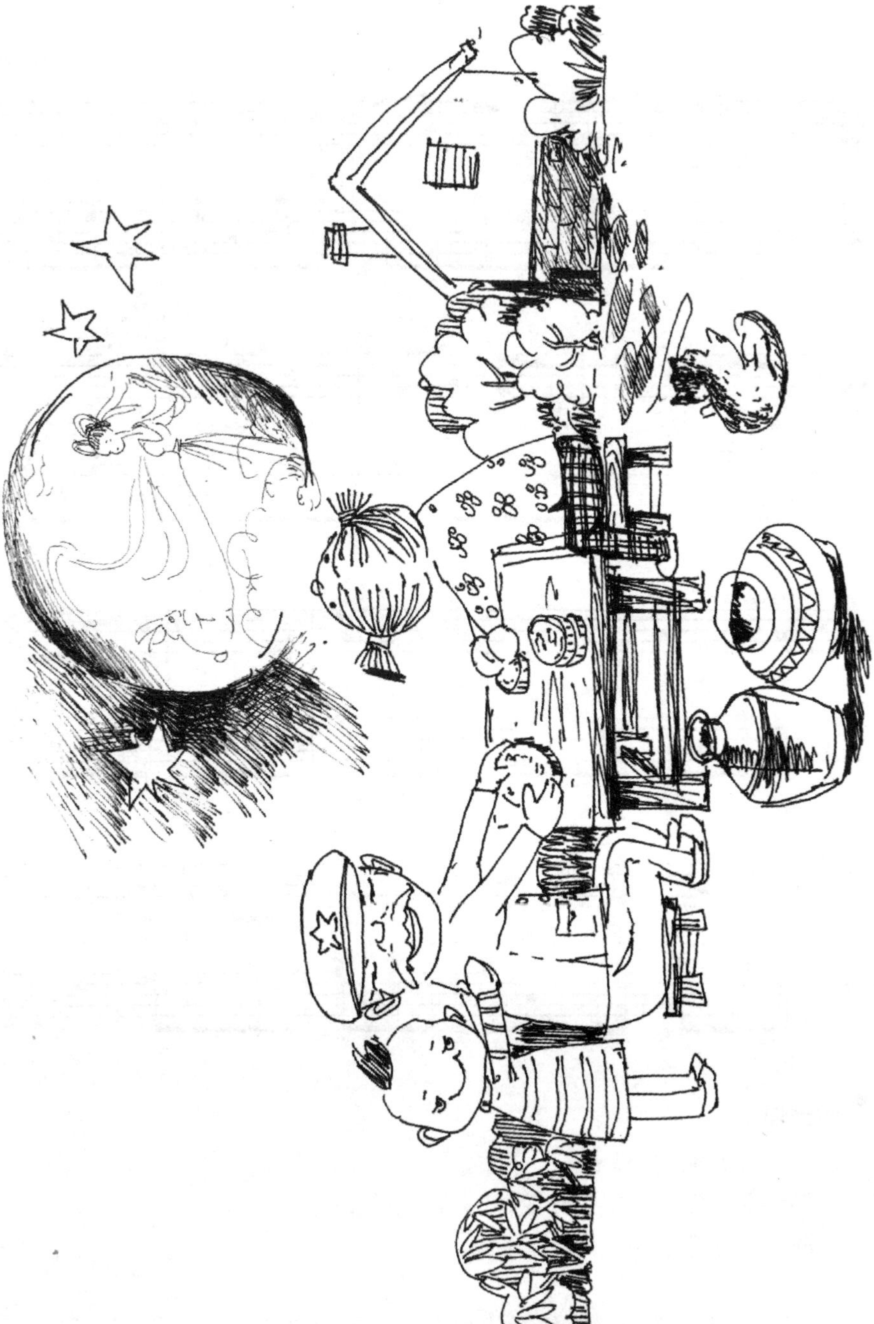

78. 这是什么

好奇地

朱德诚 曲

教学提示：

1. 歌曲为 F 大调，降 si。
2. 伴奏形式为半分解式和弦，注意音程的变化。
3. 演唱时注意断句、呼吸。

《这是什么》通过猜谜语的形式教育孩子们要拥有时间观念，养成早睡早起的好习惯。

79. 我是小音乐家

（节选）

活泼地　　　　　　　　　　　　　　　　　　　　美国歌曲

教学提示：

1. 歌曲为 F 大调，降 si。
2. 伴奏形式为半分解和弦。
3. 注意前八、后十六分音符的区别，注意音程的变化。

《我是小音乐家》是一首美国儿童歌曲，它节奏活泼，通过认识小提琴、吉他、圆号三件乐器及了解其音色让孩子们产生浓厚的兴趣。轻快、富有感情地演唱歌曲，让孩子们边唱边做打鼓、拉琴、弹吉他等动作，进行简单的歌曲表演，使孩子们更好更快地学习此儿歌。

代　　跋

正如习近平在全国教育大会上的重要讲话中所强调的,“培养德智体美劳全面发展的社会主义建设者和接班人”是教育工作的根本任务,也是教育现代化的方向目标,“要全面加强和改进学校美育,坚持以美育人、以文化人,提高学生审美和人文素养”。由此可见,作为美育载体的艺术教育在整个学校教育体系中之重要地位。有道是,“浇花浇根”,在整个学校教育体系中,学前艺术教育又有着不可或缺的作用。而就国内学前艺术教育而言,教材的匮乏多年以来已成为令许多学前教育工作者伤脑筋的事情。有鉴于此,从事学前艺术教育多年的编著者决心努力编写一部《学前艺术教育综合教程》。

需要说明的是,本教程系海南热带海洋学院校级课题“高等学校应用型高校学前教育专业艺术课程体系构建研究”(项目编号RHYJG－18)项目成果,其出版没有丝毫商业目的,全然是为了满足本校相关专业教学之需。出于教学的需要,在编写过程中,我们选择了一些为大众所熟知的一些歌曲、童谣等。尽管我们按照出版的要求对其进行了清晰的标注,我们也对相关词曲作者及钢琴伴奏谱创作者有足够的敬意和尊重,但因无法联系他们并一一征得他们的同意。所以,只能期冀能有机会能对相关人士当面说声感谢,并希望得到他们的支持和理解。

同时,编著者还要对为本教程的出版提供“第二批省级应用型试点本科转型专业建设项目经费”资助的海南热带海洋学院相关部门各领导表示衷心的感谢。

编著者

二〇一八年十二月